Günther Goldstein

Aus alter Arbeitszeit in Lünen

Wartberg Verlag

Literaturverzeichnis:
Inge Borgs: „Zur Wirtschaftsgeschichte des Lüner Raumes". Dortmund 1948 (Examensarbeit).
Wingolf Lehnemann: „Datenchronik der Stadt Lünen". Herausgegeben von der Stadt Lünen. Lünen 1992.
Festschrift der Eisenhütte Westfalia: „Westfalia 1826 – 1926". Herausgegeben von der Werksleitung der Westfalia. Lünen 1926.
Festschrift „125 Jahre St.-Marien-Hospital 1865 – 1990". Herausgegeben vom Kuratorium St.- Marien-Hospital. Lünen 1990.
Hermann Wember: Festschrift „100 Jahre Lüner Stadtwerke 1867 – 1967". Herausgegeben von den Lüner Stadtwerken. Lünen 1967.
Wingolf Lehnemann: Informationen aus dem Museum der Stadt Lünen. Nummer 1, 12, 13, 23 und 24.
Fredy Niklowitz: Informationen aus dem Museum der Stadt Lünen. Nummer 10, 14 und 17.
Zeitungssammlung des Archivs der Stadt Lünen.
Festschriften des Sägewerkes Langenbach, des Sägewerkes Haumann und der Engelkes Mühle.

Fotonachweis:
Historische Fotografien aus dem Stadtarchiv Lünen: S. 1 l., S. 7 u., S. 9 r. o., S. 11 o., S. 12 l. u., S. 13 o., S. 15 o., S 18 r. u., S. 28 l. o., S. 29 l. u., S. 30, S. 31, S. 36, S. 37, S. 38 r. o. und u., S. 41, S. 42, S. 43 u., S. 46 r. u., S. 47 o., S. 48 u., S. 49, S. 50, S. 51, S. 56 u., S. 57 u., S. 59 l., S. 63 o.; Justus Pabst: S. 43 o., S. 52, S. 53, S. 58; Heinz Tarrach S. 28 o., S. 48 o.; Fritz Lindenborn S. 38 l. o., S. 39 o. und l. u., S. 46 l. u., S. 57 o. ,S. 63 u.; Jürgen Goldstein S. 65 o., S. 66 r. o., S. 67 l. o. und l. u., Rückseite l.; Günther Goldstein S. 7 l. o. und r. o., S. 28 l. u., S. 29 r. u., S. 39 r. u., S. 59 r. o., S. 62, S. 64, S. 65 u., S. 66 l. o., l. u. und r. u., S. 67 l. o., S. 68, S. 69 o.
Historische Fotografien aus privatem Besitz von: Dirk Schulze-Wethmar, Erwin Schmidt, Marianne Fasse, Hans Horn, Heinrich Lübke, Christoph Engelke, Familie Gase, Familie Haumann, Marianne Köhler, Horst-Hermann Weischenberg, Familie Scharbaum, Aloys Siegeroth und Wingolf Lehnemann.

1. Auflage 2003
Alle Rechte vorbehalten, auch die des auszugsweisen Nachdrucks
und der fotomechanischen Wiedergabe.
Satz und Layout: Grafik & Design Ulrich Weiß, Gudensberg
Druck: Thiele & Schwarz, Kassel
Buchbinderische Verarbeitung: Buchbinderei Büge, Celle
© Wartberg Verlag GmbH & Co. KG
34281 Gudensberg-Gleichen, Im Wiesental 1
Telefon (0 56 03) 9 30 50
www.wartberg-verlag.de
ISBN 3-8313-1009-2

Vorwort

Ist die Arbeit für den Menschen der Sinn seines Lebens? Sicherlich ist sie seit der Vertreibung aus dem Paradies sein Los. Anders als im Schlaraffenland müssen sich die meisten von uns ziemlich plagen, um den täglichen Unterhalt erwirtschaften zu können.
Durch die Mitarbeit jedes Einzelnen trägt sich die Gesellschaft in ihren unterschiedlichen Strukturen. Diese waren bis zum Beginn der großen technischen Revolutionen des 18./19. Jahrhunderts recht überschaubar. In den Dörfern und Städten wurde zunächst das hergestellt, was die Gemeinschaft zum Leben brauchte, man war in erster Linie Selbstversorger. Doch so lange sich der Mensch mit Arbeit plagt, so lange gibt es auch Anstrengungen, sich diese zu erleichtern. Da bleibt es nicht aus, dass sich mit immer neuen technischen Ideen die Arbeitswelten verändern, somit auch das Leben und letztlich der Zustand der Gesellschaft.

In den letzten beiden Jahrhunderten hat dieser Wandel eine rasante Fahrt bekommen, und wir wissen heute längst nicht, welche Entwicklung die Zukunft noch bringt. „Ackerbürgerstadt" und „Mittelzentrum" heißen die Eckpunkte für Lünen. Dazwischen liegt ein turbulentes Auf und Ab. Technische Erfindungen, sich wandelnde Märkte, neue Produkte und schließlich die Globalisierung sorgen für einen permanenten Strukturwandel, in dem es einmal zu wenige und dann wieder zu viele Arbeitskräfte gibt. Zwei Weltkriege hinterließen zudem tiefe Spuren in der Stadtgeschichte.

Der Marktplatz Lünen um 1830 vor dem Rathaus.

Zu Beginn des 19. Jahrhunderts waren es eine Reihe von gravierenden Ereignissen, die im Lüner Raum den Wandel brachten: die Aufhebung der Zünfte, das Ende der Hörigkeit der Bauern, der Beginn der Schifffahrt auf der Lippe und ein Mann namens Caspar Diedrich Wehrenbold gründete mit drei anderen Lünern die Gewerkschaft Eisenhütte Westfalia, das erste Industrieunternehmen im Lüner Raum.
In Bildern und Texten sollen in diesem Buch vergangene und untergegangene Lüner Arbeitswelten wieder entstehen und Entwicklungen gezeigt werden, die hin zur Gegenwart führen. Dazu wurden viele private Fotoalben durchgesehen und Erinnerungen wachgerufen. Selbstbewusst präsentierten sich einerseits Großväter und Urgroßväter vor ihren Handwerksbetrieben, andererseits wird aber auch deutlich, unter welch schwierigen Voraussetzungen Arbeit in der Vergangenheit abgelaufen ist. Und es soll gezeigt werden, wie sich unsere Arbeitswelten bis heute gewandelt haben.

Für die Unterstützung bei der Arbeit an diesem Bildband danke ich besonders Dr. Wingolf Lehnemann, Leiter des Lüner Museums, Fredy Niklowitz, Leiter des Stadtarchivs Lünen, und bei meinem Bruder Jürgen.

Günther Goldstein

Stadtplan

Eine Karte von Lünen aus dem Jahr 1890 zeigt die Lippestadt praktisch noch in ihren alten Umrissen, wie sie durch die Sicherungsanlagen aus Wällen und Gräben seit dem Mittelalter festgelegt war, umgeben von Wäldern und landwirtschaftlich genutzen Flächen.

Die Stadtteile Gahmen, Horstmar, Wethmar, Beckinghausen, Niederaden und Nordlünen tauchen als kleine bebaute „Inseln" darin auf. Als größte Industrieansiedlung ist die Hütte Westfalia zu erkennen. Sie ist, wie die Schachtanlagen Preußen I und Preußen II und ebenfalls Victoria I/II an die Eisenbahnstrecke Dortmund–Enschede angeschlossen. Louisenhütte und Lüner Hütte sind im Stadtbild ebenfalls zu erkennen, liegen aber außerhalb des Stadtkernes.

Lünen ab 1800

Caspar Diedrich Wehrenbold führte Lünen mit der Gründung der Eisenhütte Westfalia in das Industriezeitalter. Der Stich von 1837 zeigt den Urbetrieb mit dem ersten Hochofen sowie die Lippe mit der Mühle.

Eisenhütte Westphalia bey Lünen a/d Lippe 1831

Handwerk und Landwirtschaft prägen die Stadt

Zu Beginn des 19. Jahrhunderts präsentierte sich Lünen als eine kleine Landstadt mit rund 1300 Einwohnern. Die meisten Lüner waren Handwerker und Tagelöhner. Die uns geläufige Bezeichnung Ackerbürger ist mehr eine verklärende Beschreibung: Sie rührt daher, dass nahezu alle Bürger für ihren Lebensunterhalt ein Stück Land bearbeiteten sowie eine Kuh, eine Ziege, ein paar Schweine und Hühner hielten, um damit ihre Ernährung zu sichern und ein Zubrot zu verdienen. Die kleinen Äcker und Gärten lagen hauptsächlich auf dem Nordufer der Lippe, dem ehemaligen Gebiet von Lünen vor der Verlegung 1336, oder auf den verfüllten Stadtgräben auf der Westseite der Stadt. Ein Gemeindehirte trieb während der Weidezeiten das Vieh der Lüner über die holprigen Gassen auf die Gemeindeweiden vor den drei Toren der Stadt. Dazu gehörten auch die Kühe des Pfarrers, dem das Halten von bis zu sechs Kühen gestattet war.

In zahlreichen Erhebungen wurden immer wieder die verschiedenen handwerklichen Tätigkeiten aufgelistet. So spielten im späteren 18. Jahrhundert die Wolltuchmacherei und der Leinenhandel eine besondere Rolle. Ferner gab es in Lünen mehrere Bäcker und Schuster, Schmiede, Schneider, Messermacher, Gelbgießer, einen Büchsenschmied, Barbiere, Bierbrauer, Sattler, Kürschner, Radmacher, Nagelschmiede, Blaufärber, Glasmacher, Fassbinder, Maurer, Zimmerleute, Schreiner, Drechsler, Stuhlmacher, Knopfmacher, einen Apotheker, einen Stadtmusikus und sogar einen Tabakfabrikanten mit eigenem Anbau.

Richtige Landwirtschaft wurde in den Bauerschaften rund um Lünen betrieben. Die meisten Höfe und Kötterstellen unterstanden bis zur Säkularisierung 1803 dem Stift Cappenberg, dem Haus Frydag zu Buddenburg oder dem Haus Schwansbell.

Inhaber und Mitarbeiter der Sattlerei Joseph Lübke präsentieren sich hier 1907 an der Waltroper Straße 48 in Brambauer.

In den ersten Jahrzehnten des 19. Jahrhunderts erfolgten auch für die Lippestadt unter dem Einfluss europäischer Umwälzungen viele Veränderungen. Mit neuen Verwaltungsformen wurde die Stadt im Verband selbstständiger Landgemeinden zum Amt Lünen zusammengeschlossen. Sie gehörte dem Landkreis Dortmund, im Regierungsbezirk Arnsberg, in der preußischen Provinz Westfalen an. Im Amt Lünen, das von Beckinghausen bis Brambauer und von Eving bis zur Altstadt reichte, wurden 1818 in Lünen 1325 Menschen und 250 Häuser gezählt, im Umland noch einmal 2531 Menschen und 406 Häuser. Durch die Abschaffung der Hörigkeit und besonders durch die Aufhebung der Zünfte (Gilden) erfuhren die Menschen einen enormen Zuwachs an Freiheit und wirtschaftlichen Entwicklungsmöglichen. In den ersten Jahrzehnten des 19. Jahrhunderts entstanden auch die ersten „Kunststraßen" in die Nachbarstädte Dortmund und Werne, befestigte Wege, auf denen ganzjährig Fuhrwerke fahren konnten. Von noch größerer Bedeutung für die wirtschaftliche Entwicklung aber wurde die Schiffbarmachung der Lippe, Lünen stieg zur Hafenstadt für einen weiten Umkreis auf. Dies bewiesen Frachtadressen, wie „Dortmund bei Lünen". Dies alles war der Beginn für einen steigenden Lebensstandard der Lüner Bürger.

Handwerker

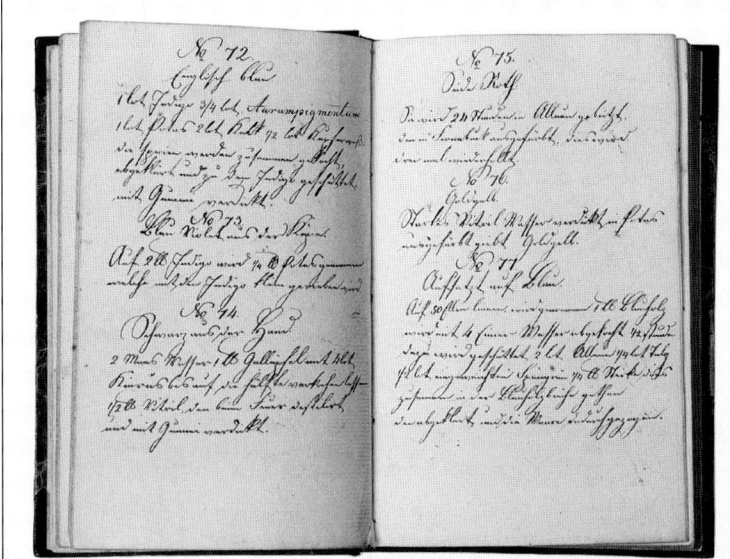

Die beiden oberen Bilder zeigen Exponate aus dem Lüner Museum:
Links ein in sauberster Handschrift geführtes Rezeptbuch eines Lüner Blaufärbers, rechts daneben ein Ausschnitt aus einer Werkstatt für Holzschuhe, die sich in Nordlünen an der Laakstraße befand. Diese Fußbekleidungen wurden in der Lippestadt vor dem Ersten Weltkrieg eine Zeit lang fabrikmäßig produziert. Unter anderem wurden Soldaten damit ausgestattet. Für sie bekam der Holzschuh einen Lederschaft angesetzt.

Das untere Foto zeigt frischgebackene Frisörmeister 1928 mit den von ihnen bearbeiteten Perücken.

Handwerker

Heinz Isidor Meier (4. v. l.), Tischler und Schreinermeister, ließ sich hier mit seinen Handwerker-Nachbarn vor der Jahrhundertwende ablichten.

Eine der zahlreichen Handwerker-Stammtischrunden aus der gleichen Zeit. Ein alter Brauch, der sich bis in die heutige Zeit erhalten hat.

Verbrauchsgüter des täglichen Bedarfs wurden lange Zeit auch von „rollenden Geschäften" zu den Kunden gebracht. Das Foto zeigt den Lüner Milchbauern Quernheim und seine Mitarbeiter.

Handwerker

Schneider werden in allen Handwerkslisten Lünens immer in großer Zahl genannt. Das Foto zeigt die Mitarbeiter einer Schneiderei in Lünen-Alstedde.

Gesellige Veranstaltungen wurden von den einzelnen Vereinigungen regelmäßig durchgeführt. Hier gibt sich der Lüner Fuhrmannsverein ein Stelldichein auf dem Bauernhof Kramp in den Rieselfeldern.

Wer viel Arbeit hat, möchte sich auch einmal etwas gönnen. Mit zwei Taxen des Schwiegervaters von Hans Horn ist hier eine Gruppe Lüner Handwerker auf dem Weg nach Berlin.

Um die Jahrhundertwende präsentieren sich diese Lüner Anstreicher dem Fotografen.

Landwirtschaft

Einblicke in das Leben im Bereich der Landwirtschaft geben die Fotos vom Hof Schulze-Wethmar, einem der ältesten Hofstellen im Lüner Raum, die um 1920 entstanden sind.

Viele fleißige Hände in der Familie, Kinder mit einbezogen, sowie Knechte und Mägde waren notwendig, um, wie hier im Bild zu sehen, die Kornernte einzubringen. Das Getreide, das noch auf sehr langen Halmen reifte, wurde noch mit der Sense geschnitten und dann zu Garben aufgestellt, die hier auf das Pferdefuhrwerk verladen werden.

Auf dem Hof sorgte der Ziehbrunnen für die Wasserversorgung, an dem sich hier die Gruppe für den Fotografen aufgestellt hat.

Landwirtschaft

Landwirtschaftliche Arbeit im Schatten der Zeche Victoria I/II. Während sich im Hintergrund die Förderräder drehen, wird davor der Acker mit dem Kaltblütergespann geeggt (Foto um 1930).

Eine bäuerliche Jagdgesellschaft auf dem Hof Schulze-Wethmar nach erfolgreicher Wildschweinjagd.

Handwerker-Umzüge

Handwerker-Umzüge

Handwerker-Umzüge hatten in Lünen eine lange Tradition und wurden in regelmäßigen Abständen durchgeführt.

Die Fotos auf Seite 12 zeigen oben den Festwagen der Ziegelei Siegeroth aus Wethmar aus dem Jahr 1935. Darunter links wartet der Festwagen der Schmiede 1925 in der Gartenstraße auf seinen Einsatz. Gestellt wurde der Lastwagen von der Spedition Hermann Füßmann, der hier vor dem Fahrzeug steht. Rechts daneben zieht eine schwere Zugmaschine einen gewaltigen Baumstamm durch die Lüner Straßen als Beitrag des Sägewerkes Haumann.

Auf dieser Seite präsentieren sich die Lüner Fleischer in verschiedenen Jahren mit ihren Festwagen. Auf dem Foto oben erkennt man den regen Zuspruch, den diese Veranstaltungen hatten. Das Foto unten zeigt das festlich geschmückte Dreirad der Fleischerei Wiencke 1934.

Ziegeleien

Ziegeleien waren ein bedeutender Wirtschaftszweig in Lünen

Die Herstellung von Mauer- und Dachziegeln war für eine Stadt so elementar wie das Backen von Brot. Im späten Mittelalter wurde erstmals eine städtische Ziegelbrennerei in Lünen genannt, denn die Verwendung von Dachziegeln an Stelle von Stroh diente dem Schutz gegen die Brandgefahren, die in der dicht bebauten Stadt enorm groß waren: Brandschutz war eine ständige Verpflichtung aller Bürger.

Im Laufe des 19. Jahrhunderts wurden in Lünen mehrere selbstständige Ziegeleien gegründet, meistens dort, wo es auch den notwendigen Ton gab. So entstand an der Cappenberger Straße gegenüber dem heutigen Kommunalfriedhof die Ziegelei Robbert mit zwei großen Ringofenanlagen. Gleichzeitig wurde ein Zickzackofen am Nordufer der Lippe östlich der Lippebrücke an der Münsterstraße betrieben. Ein weiterer großer Betrieb war die Ziegelei Flume, die auf der Nordseite der Straße am Buchenberg lag. In der Nachbarschaft gab es dazu die Ziegelei Hölken und den Betrieb von Große-Oetringhaus. Mit dem Bau der Landesgartenschau in Lünen-Horstmar verschwand bis auf wenige Reste die dortige Ziegelei Knorr. Der kleinste aller Lüner Ziegelbäcker aber, der Betrieb Siegeroth an der Münsterstraße in Wethmar, hielt am längsten durch. Erst 1995 wurde die Produktion eingestellt.

Seit den 20er Jahren des 19. Jahrhunderts war es der Familie fünf Generationen lang gelungen, durch ständige Anpassung an den Markt und den technischen Ausbau ihres Betriebes konkurrenzfähig zu bleiben. Drainagerohre und Abdeckhauben für die Kabel der Post waren die „Renner" der Produktion. Noch heute ist die Ziegelei Siegeroth in ihrer vollen Ausstattung zu bewundern und eines der wohlbehüteten Industriedenkmäler der Stadt Lünen. Jederzeit könnte Aloys Siegeroth die Feuerungen über dem Zickzackofen wieder anwerfen, ein großer Berg Ton liegt noch im Hof der Ziegelei bereit.

Familie Siegeroth mit den Arbeitern des Betriebes 1894.

Ludwig Siegeroth mit seinen Kindern und Arbeitern 1931.

Ziegeleien

Das Luftbild zeigt im Vordergrund die Ziegelei Flume am Buchenberg. Sie war mit eine der größten Ziegeleien in Lünen. Die Lehmgrube ist rechts neben den Betriebsgebäuden zu erkennen. Hinter dem Waldgelände liegen im Hintergrund die Hüttenwerke Kayser.

Der Lehmplatz der Ziegelei Siegeroth im Jahre 1892.

Ziegeleien

Diese Postkarte von 1867 ist eine der ältesten Darstellungen der Ziegelei Siegeroth.

Mit dem Einsatz der Dampfmaschine (Foto von 1912) kamen die ersten Erleichterungen in den harten Alltag eines Ziegelbäckers.

Aloys Siegeroth (links), Lünens letzter Ziegelbäcker, mit einer Ladung Kabelhauben um 1970.

Ziegeleien

Fotopause für die Mannschaft vom Ringofen der Ziegelei Robbert um 1920.

Ein Luftbild der Ziegelei Siegeroth an der Münsterstraße um 1960. In dem stillgelegten Betrieb werden jetzt heimatkundliche Veranstaltungen über die Lüner Ziegeleien durchgeführt.

Mühlen hatten von alters her eine besondere Bedeutung

Die Mühlen zählten in allen Jahrhunderten der Lüner Stadtgeschichte zu den wirtschaftlich besonders wichtigen Einrichtungen. Zahlreiche Eintragungen in den Chroniken und Akten weisen auf ihre Gründungen oder Streitigkeiten um sie hin. Lange Zeit war im Mittelalter das Stift Cappenberg Besitzer der Mühle bei Lünen, die am Mühlenkolk lag, etwa dort, wo sich heute das Marienhospital befindet. Zur Zeit der Verlegung der Stadt vom Nordufer auf das Südufer garantierte der Landesherr Graf Adolf II. von der Mark den Cappenbergern, keine Konkurrenz in der neuen Stadt zuzulassen.

Erst im 16. Jahrhundert kommt eine Walkmühle an der Seseke im Süden der Neustadt hinzu, ferner ist der Bau einer Loh- und Schleifmühle beurkundet. Vor dem Steintor wurde eine Sägemühle errichtet. Alle diese Mühlen wurden durch Wasserkraft betrieben, gespeist von den Wasserläufen, die es um die Stadt herum gab. Zu Beginn des 19. Jahrhunderts wurden weitere drei Mühlen genannt: eine Kornmühle an der Seseke am Christinentor, eine Wassermühle beim Hof Schulte Pelleringhof in Nordlünen und die Kiliansmühle in Wethmar. Ferner gab es Mühlen am Schloss Schwansbell und die zur Buddenburg gehörende in Lippholthausen sowie die dem Haus Oberfelde zugehörige Adener Mühle.

Als Gebäude geblieben sind davon bis heute nur die kleine Mühle in Lippholthausen mit ihrem großen Wasserrad und die Kiliansmühle, in der sich jetzt die Galerie Anders befindet. Hier kann man auch Teile der alten technischen Einrichtung sehen. Die größte wirtschaftliche Bedeutung in der Neuzeit aber erlangte die Mühle an der Seseke vor dem Christinentor. Sie wurde im Juli 1880 von Heinrich Engelke aus dem Besitz des Grafen zu Westerholt für 5050 Thaler erworben. Gleichzeitig wurde der Abriss der Kornmühle auf dem Rittergut Schwansbell festgeschrieben. Nach anfänglichen Schwierigkeiten durch Hochwasser entwickelte sich der Betrieb glänzend. Bald blieb es nicht mehr nur beim Kornmahlen und Futterschroten, es wuchs daneben ein flotter Landhandel mit Düngemitteln und Saatgut. 1923 wurde die Mühle auf elektrischen Betrieb umgestellt.

Wie sich auf der einen Seite die Geschäfte mit den Produzenten – den Bauern – ausweiteten, so wuchsen auf der anderen Seite – dem Mehlgroßhandel – die Bedürfnisse der Abnehmer. Somit entwickelte sich die Lüner Mühle Engelke zu einem Kolonialwaren- und Lebensmittelgroßhandel, der weit über die Stadtgrenzen von Bedeutung war. Nach dem Zweiten Weltkrieg entstand dazu ein Abfüllbetrieb für Weine und Spirituosen.

Engelkes Mühle an der Seseke um 1900.

Die Schlossmühle in Lippholthausen.

Die Adener Mühle an der Seseke.

Mit Pferdefuhrwerken wurden um die Jahrhundertwende die Mehlsäcke der Mühle Engelke zu den Abnehmern gebracht.

Ein Blick in den Walzenstuhlboden, wo die Mahlwerke in langer Reihe stehen, um die unterschiedlichsten Produkte zu zermahlen, zu schroten oder zu schälen.

Sägewerke lieferten den wichtigen Baustoff Holz

Holz war für die Menschen im hiesigen Raum im Mittelalter der wichtigste Baustoff, bestanden doch ihre Häuser und Bauten zum großen Teil daraus. Die Wälder besonders im Norden der Lippestadt lieferten reichlich Rohmaterial. Die Baumstämme wurden in den Sägemühlen zu Balken und Brettern geschnitten.

Mit der Industrialisierung in der zweiten Hälfte des 19. Jahrhunderts und dem damit steigenden Bedarf entstanden in Lünen mehrere große Sägewerke. 1874 gründeten die Brüder Fritz und Ludwig Langenbach an der Borker Straße ein Dampfsägewerk mit angeschlossenem Holzhandel. 1890 wurde es durch eine Drechslerei erweitert. 1920 übernahmen die Neffen der Gründer Karl und Paul Langenbach den Betrieb, mussten diesen jedoch nach der Inflation 1930 aufgeben.

1929 wurde zwischen Döttelbeckstraße und Schulstraße in Altlünen das Sägewerk Moll & Co. gegründet. Hier wurden an vier Gattersägen besonders Grubenhölzer geschnitten, die auf den Schachtanlagen des Bergbaus benötigt wurden. Zudem wurde Bauholz in Form von Bohlen und Brettern erstellt. 40 bis 50 Arbeiter waren im Sägewerk Moll beschäftigt.

1912/13 erwarb die Dortmunder Firma Haumann & Cie. ein größeres Gelände im Bereich des Stadthafens am Kanal in der Nähe der Dortmunder Straße. Verzögert durch den Ersten Weltkrieg ging das geplante Sägewerk erst 1919 in Bau. Angetrieben von einer kräftigen Dampfmaschine, die heute vor dem Fernheizwerk an der Graf-Adolf Straße steht, wurden drei Gattersägen betrieben. Geschnitten wurden hauptsächlich Nadelhölzer, aber auch Laubholzarten. Die Fichten erreichten Haumann als Flöße über den Kanal, was lange der billigste Transportweg war. Bis zu 30 000 cbm Holz betrug zeitweilig der Jahresdurchsatz, damit waren bis zu 70 Mitarbeiter beschäftigt.

Arbeit an der Gattersäge bei Haumann.

Mit eine der ältesten Schreinereien in Lünen war der Betrieb von Theodor Gremme, 1890 an der Borker Straße 49 eröffnet. Angeschlossen war eine Holzbildhauerei, aus der Arbeiten für die Marien-Kirche stammen. 1915 kam ein Ladengeschäft im Haus Münsterstraße 9 hinzu, das zum Möbelfachgeschäft ausgebaut wurde.

Holz war ein wichtiger Rohstoff für die Bauindustrie, noch größere Mengen aber wurden für den heimischen Bergbau benötigt.

Sägewerke

Die geschlagenen Baumstämme kamen aus den verschiedensten Regionen in die Lippestadt, und ihr Antransport erfolgte zum Sägewerk Haumann, das in Gahmen am Kanal lag, viele Jahrzehnte als Flöße über den Kanal (rechts). Zudem wurde auf dem Schienenweg angeliefert (unten links) und die Edelhölzer aus den heimischen Wäldern erreichten per Lastwagen das Sägewerk (unten rechts). Die Fotos stammen aus den 50er Jahren.

Sägewerke

Fotos aus dem Sägewerk Langenbach, dessen Sägeplatz nördlich der Eisenbahnstrecke zwischen Cappenberger und Borker Straße lag. Oben links ein Holztranport auf der Borker Straße vor dem Langenbachschen Haus auf dem Weg zum Holzplatz. Unten ein Blick auf die Dampfmaschine des Betriebes und oben rechts eine Gattersäge bei der Arbeit.

Das Sägewerk Moll lag an der Döttelbeckstraße in Nordlünen, und zwar dort, wo sich der Lagerplatz der Glashütte ausbreitet. Sein Holzlager dehnte sich bis zur Schulstraße aus. Hier wurde von bis zu 50 Mitabeitern an mehreren Vollgattersägen Bau- und Grubenholz geschnitten. Das Grubenholz wurde per Bahn abtransportiert, die Waggons wurden auf dem Betriebsgelände von einem Kaltblüter gezogen.

Der Aufbruch Lünens in das Industriezeitalter

Der Aufbruch in das Industriezeitalter ist für Lünen untrennbar mit dem Namen Caspar Diedrich Wehrenbold verbunden. Als 1818 eine regelmäßige Schifffahrt auf der Lippe einsetzte, erwarb er ein Jahr später die Aufsicht über die Salztransporte, die aus der Saline Königsborn kommend, am Wehr in Lippholthausen umgeladen werden mussten. Durch die Teilnahme an den Feldzügen an der Saar und im Hunsrück im Freiheitskrieg 1814/15 war ihm die Verhüttung von Eisenerz geläufig. Er erkannte, dass der Standort in Wethmar an der Lippe gleich gute Voraussetzungen haben musste. So sicherte er sich 1823 die Berggerechtsame auf Eisenstein im Lippegebiet von Lippstadt bis Dahl, ersteigerte 1825 die Erbpachtrechte auf Gebäude und Wassergefälle der Mühle am Beckinghauser Wehr und gründete am 6. Januar 1826 die Eisenhütte Westfalia. In diese 128-teilige Gewerkschaft traten dann noch Georg Wilhelm und Johann Wilhelm von Born, Franz Schulz und Friedrich Heinrich Gockel aus Lünen mit ihrem Kapital ein, so dass jeder der fünf Gewerken mit 25 3/5 Kuxen beteiligt war.

Die Facharbeiter für sein neues Unternehmen suchte Wehrenbold an der Saar und im Hunsrück, in Wethmar fanden sie in Wohnheimen ein neues Zuhause. Die westfälischen Bauern begegneten ihnen mit Zurückhaltung. 1827 konnte der erste Hochofen angeblasen werden, seine Tagesleistung betrug 2 Tonnen Roheisen.

Als auf der Westfalia schon der zweite Hochofen seinen Dienst tat, gab es auch in der näheren Umgebung von Lünen weitere namhafte Firmengründungen. 1839 eröffnet Gottfried Quitmann zunächst eine Klempnerei, dann ein Geschäft für Haus- und Küchenwaren. Sein ältester Sohn Gottfried erwarb 1876 den neben der Lippebrücke gelegenen Packhof und errichtete dort eine Fabrik zur Herstellung von Blechwaren.

Reich verzierter Gussofen aus der Produktion der Eisenhütte Westfalia.

Der Eisenwarenhandel Coers nahm 1841 seinen Betrieb an der Langen Straße auf und entwickelt sich schnell zu einem weit über die Stadtgrenzen hinaus bekannten Unternehmen.

An der Straße nach Dortmund, westlich des Steintores, gründeten 1854 Wilhelm Potthoff und Carl Flume auf dem Gerlingskamp eine weitere Eisengießerei, die Louisenhütte Potthoff und Flume, in der Baugussteile, Öfen und Kochtöpfe in kleineren Mengen hergestellt wurden. Doch schon bald erlebte das Werk einen großen Aufschwung, wurde ständig erweitert und es kam zur Massenherstellung von Herden und Öfen sowie der Produktion von Bergbauzubehör.

Zwischen Schützen- und Arndtstraße kam es 1872 zur Gründung einer weiteren Eisengießerei, der Lüner Hütte von Ferdinand Schulz. Hier wurde Potterieguss aller Art hergestellt, dazu aber auch größere Industrieprodukte. Aus familiären Gründen überlebte der Betrieb nur bis 1912. Nach langem Leerstand der Hallen entstand hier später das Federnwerk Langen & Sondermann, das sich heute an der Borker Straße in Nordlünen befindet.

Und noch ein Gründungsdatum fällt in die ersten Jahrzehnte des 19. Jahrhunderts: Lünen erhielt am 30. Oktober 1838 einen offiziellen Wochenmarkt, den Gemüsemarkt, der an jedem Dienstag auf dem alten Marktplatz vor der Stadtkirche in der Langen Straße gehalten wurde. Am 3. September 1841 kam der Freitag als zweiter Tag hinzu.

Eisenhütte Westfalia

Ein Blick in eine Schleiferei in den 1920er Jahren bei der Westfalia, wo die Gussteile von Hand verfeinert wurden.
Rechts im Foto eine Westfalia-Kabelkraftwinde, die von einem Rohöl- oder Benzolmotor angetrieben wurde.

Eisenhütte Westfalia

Ausbildung wurde auf der Eisenhütte Westfalia zu allen Zeiten groß geschrieben. Hier fanden hunderte von Lüner Jugendlichen bis zum Schluss einen Ausbildungsplatz. Das Foto oben zeigt Ausbildungsplätze für angehende Dreher um die Jahrhundertwende. Das Foto rechts wurde zur gleichen Zeit in einer mechanischen Werkstatt aufgenommen.

Sandabbau/Druckereien

Im Raum Alstedde wurde um die Jahrhundertwende durch die Familie Langenbach, die auch Besitzer des Sägewerkes Langenbach war, eine Zeit lang Sand abgebaut.

Das Druckgewerbe war in Lünen unter anderem durch die Firma Alois Holtkamp vertreten. In der Druckerei Bongers, später Contzen, wurde 1879 die erste Lüner Zeitung gedruckt.

Quitmann

1838, gut zehn Jahre nach der Westfalia, wurde die Klempnerei Quitmann gegründet. Dazu diente der ehemalige Packhof am nördlichen Lippeufer neben der Brücke Münsterstraße. Dieser Standort, das Bild links zeigt die Firma Quitmann nach dem Zweiten Weltkrieg, blieb bis zur Schließung in den 70er Jahren erhalten. Nach dem Abriss entstand dort das heutige Lippezentrum. Unten links zwei Geräte aus der Produktionspalette, die im Lüner Museum zu sehen sind. Unten rechts ein Foto von Arbeitsjubilaren in den 1920er Jahren, in der Mitte der unteren Reihe sitzen Gottfried Quitmann und seine Söhne Richard und Wilhelm.

Kaffeeröstereien

Von den drei Kaffeeröstereien, die es in der ersten Hälfte des 20. Jahrhunderts in Lünen gegeben hat, war VELUNA, gegründet von Ignaz Woestmann, die bedeutendste. Ihr Standort an der Cappenberger Straße 51 ist bis heute erhalten und beherbergt nun eine Reihe von kleineren Unternehmen.

Das Foto rechts zeigt den Firmenlastwagen, der noch auf Vollgummirädern seine Fracht bis Köln und Düsseldorf über holpriges Kopfsteinpflaster transportierte, und seine Besatzung.

Unten links ist der Firmensitz der VELUNA an der Cappenberger Straße 51 zu sehen. Beide Fotos stammen aus den ersten Jahren des 20. Jahrhunderts.

Die große Kaffeedose rechts unten gehört der Sammlung des Lüner Museums.

Louisenhütte

An der Dortmunder Straße, westlich vor den Toren der Stadt, wurde 1854 die Louisenhütte von Potthoff & Flume gegründet. Die Zeichnung stammt aus den Anfängen, das Foto darüber ist von 1929. Man erkennt rechts die Villa Potthoff, die heute als letztes Gebäude dieses einstmals größeren Industriekomplexes erhalten geblieben ist.

Das Foto der Arbeiter und Angestellten wurde zu Beginn des 20. Jahrhunderts aufgenommen.

Die Gießerei Potthoff & Flume startete ihre Produktion mit Kochtöpfen, Öfen (kleines Foto) und Gussteilen für den Bau. Dann kamen Zulieferteile für den Bergbau hinzu. Außerdem wurden große Absperrhähne und Schieber für den Rohrleitungsbau (großes Foto) hergestellt.

Lüner Hütte

Die Lüner Hütte (Luftaufnahme) wurde 1872 von Ferdinand Schultz gegründet und befand sich zwischen der Schützen- und der Arndtstraße und dem nach ihr benannten Hüttenweg. Sie bestand nur bis 1912, danach gab es mehrere Nutzer der Fabrikhallen. Zuletzt entstand dort das Federnwerk Langen und Sondermann, das jetzt an der Borker Straße ansässig ist. Das Bild oben zeigt die Belegschaft Ende des 19. Jahrhunderts.

Lüner Hütte

Bilder aus der Lüner Hütte: links die Dreherei für Großteile, rechts oben die werkeigenen Transportpferde samt Stallmeister und unten ein Foto der Mitarbeiter aus dem 19. Jahrhundert.

Bergtechnik

Bergtechnik

Die Döttelbeckstraße war in der ersten Hälfte des 20. Jahrhunderts ein Industriegebiet vor den Toren der Stadt Lünen in der Gemeinde Altlünen gelegen. Von der Borker Straße aus folgten neben der Glashütte die Firma Fluhme und Lenz, die Bergtechnik, das Sägewerk Moll und die Maschinenfabrik Mark.

Die Bilder auf dieser Doppelseite zeigen die Firma Bergtechnik. Auf Seite 34 ist oben die Villa der Familie zu Wemmer mit dem ausgedehnten Obstgarten an der Döttelbeckstraße abgebildet. Links darunter sind Förderbandaufbauten zu sehen, im Hintergrund stehen die Häuser der Schulstraße. Das Familienfoto rechts unten zeigt Mitglieder der Familien zu Wemmer und Moll.

Auf dieser Seite sind Förderkörbe aus der Produktion der Firma Bergtechnik zu sehen und die Herstellung von Zubehör für den Untertage-Schienenbetrieb.

Infrastruktur

Transportwege und öffentliche Einrichtungen

Die Lippestadt Lünen verdankt einem besonderen Umstand ihre Entstehung: Hier überquerte die alte Handelsstraße von Köln in den norddeutschen Raum die Lippe durch eine Furt, unweit der heutigen Brücke Graf-Adolf-Straße. Und in seiner weiteren Geschichte, speziell dem hier beschriebenen Zeitraum, waren es immer wieder die Verkehrs- und Handelswege, die die entscheidenden Impulse für Veränderungen brachten. Wie wir wissen, haben schon die Römer die Lippe benutzt, um bis in diesen Raum vorzudringen. Die Nutzung des Wasserweges aber war dann bis ins 19. Jahrhundert durch die wechselnden Wasserstände behindert.

Erst mit Salztransporten, dann mit der Rohstoffversorgung für die Westfalia brachte Caspar Diedrich Wehrenbold die Lippeschifffahrt in Schwung (Schleusen wurden gebaut) und damit die Industrialisierung Lünens. Danach ging es Schlag auf Schlag, und Mitte des 19. Jahrhunderts entwickelte sich das, was wir als Infrastruktur bezeichnen. Befestigte Straßen wurden in die Nachbarstädte Werne, Dortmund und Kamen gebaut. Doch der Bau der Köln-Mindener Eisenbahn führt nicht durch Lünen, denn Dortmund erkaufte sich 1847 den Zuschlag. Lünen verlor damit seinen bisherigen Vorrang, wie die alten Frachtadressen „Dortmund bei Lünen" beweisen. Erst 1874 wurde Lünen Eisenbahnstation, als die Strecke von Dortmund nach Enschede eingerichtet wurde. Die Verbindung nach Münster über Werne wurde 1928 fertig gestellt.

Mit wachsenden Einnahmen und steigendem Wohlstand waren die Zeiten vorbei, da man seine Taler im Hause verstecken musste: 1853 wurde die Lüner Sparkasse gegründet, doch nahm ihr geschäftliches Wachstum zunächst einen schleppenden Verlauf, was vermutlich durch die Einzahlungsbeschränkungen bedingt war. Erst nach knapp 20 Jahren überschritten die Einlagen eine Million Taler, nachdem man kurz zuvor diese Einschränkungen aufgehoben hatte.

Ein weiterer Schritt in Richtung Urbanisierung war die Gründung der Lüner Gasanstalt. Nach erheblichen Geburtswehen und zum Teil skurrilen Auseinandersetzungen in der Bürgerschaft kam es 1865 zur Gründung, und zwei Jahre später brannten die ersten 32 Straßenlaternen in Lünen mit Gas. Es gab zudem schon 20 Privatkonsumenten.

Mit einem Lastkahn werden Milchkannen vom Hof Schulze-Wethmar abgeholt (Foto von 1971).

Bei der Versorgung mit Trinkwasser dauerte es sogar noch bis in die ersten Jahre des 20. Jahrhunderts. Am 1. Januar 1906 waren von den 642 Häusern und Wohnstellen der Stadt erst 468 an ein Wasserrohrnetz angeschlossen, 174 Haushalte entnahmen ihr Wasser noch eigenen Quellen und Brunnen.

Elektrischer Strom hatte bereits im Ausgang des 19. Jahrhunderts in den großen Lüner Betrieben seinen Einzug gehalten, und auch die 1905 in Betrieb genommene Straßenbahn, die von Derne bis zur Gaststätte Körwer an der Langen Straße reichte, fuhr mit Strom. Zur Versorgung der Haushalte kam es aber erst 1911, als ein Liefervertrag mit dem städtischen Elektrizitätswerk Dortmund über 30 Jahre abgeschlossen wurde.

Ein weiteres Betätigungsfeld der Vorläufer der heutigen Stadtwerke war die Entwicklung des Hafens und der Hafenbahn im Bereich Buchenberg. Nachdem die Lippeschifffahrt längst ihre Bedeutung verloren hatte, wurde 1905 die Herstellung und der Ausbau des westdeutschen Kanalnetzes beschlossen. Bei Ausbruch des Ersten Weltkrieges war der Kanal von Hamm bis Datteln fertig gestellt, den Stadthafen hatte die Harpener Bergbau AG für 25 Jahre gepachtet.

Die Industrialisierung der Lippestadt Lünen brachte natürlich auch eine ständig wachsende Einwohnerzahl mit sich. Und durch die veränderten sozialen Strukturen war es dringend erforderlich, das Gesundheitswesen anzupassen. Durch mangelhafte Ernährung, unzureichende Hygiene, hohe Kindersterblichkeit und schwerste körperliche Belastung bei der Arbeit betrug die durchschnittliche Lebenserwartung um 1850 gerade einmal 40 Jahre. Immer wieder kam es zu Epidemien, die vielen Lünern das Leben kosteten. So gelang schließlich unter der Leitung von Pfarrer Urban von Wieck 1865 der Bau des St.-Marien-Hospitals im Bereich des ehemaligen Mühlenkolks.

Weitere der Allgemeinheit dienende Einrichtungen hatten um die Jahrhundertwende ihre Ursprünge, so der Lüner Schlachthof, der 1899 seinen Betrieb an der Borker Straße aufnahm. Bereits 1892 war die Molkereigenossenschaft Lünen gegründet worden.

Lippeschifffahrt

Die Schifffahrt auf der Lippe brachte Lünen den Beginn der Industrialisierung. Wie groß die Lastkähne waren, die bis zum Ende des 19. Jahrhunderts die Lippe befuhren, zeigt das Bild in der Mitte. Die Eisenbahn brachte das Ende für den Frachtverkehr auf dem Fluss.
Später gab es nur noch Ausflugsboote auf der Lippe zu sehen. Diese erfreuten sich bei den Lünern großer Beliebtheit. Das Bild oben aus dem Jahre 1930 zeigt die vollbesetzte „Lünen", die von einer Fahrt nach Lippholthausen zurückkehrt. Sie und ihr Schwesterschiff „Tante Martha" legten gegenüber der Quitman-Fabrik in der Innenstadt an.

Eisenbahn

Die ersten Eisenbahngleise durchquerten Lünen in den 70er Jahren des 19. Jahrhunderts, 1874 wurde die Strecke Dortmund–Enschede eröffnet. Die Strecke von Dortmund nach Münster folgte erst 1928. Vom Bau einer Brücke Im Brok/Dreischfeld in Wethmar 1920 für diese Linie zeugt das Bild rechts unten.

Das Bild darüber zeigt den Bahnhof Lünen-Nord an der Ladestraße mit seiner ganzen Belegschaft 1890. Das Bild oben links stammt aus der Mitte des 20. Jahrhunderts und zeigt einen Bahnbediensteten vom Hauptbahnhof bei der Kontrolle der so genannten „Mutteruhr", mit der jeden Morgen alle anderen Bahnuhren verglichen wurden.

Eisenbahn

Nostalgische Bilder aus dem Bereich des Lüner Eisenbahnnetzes. Links faucht eine schwere Güterzuglokomotive 1961 über die gerade fertig gestellte Brücke, unter der der vierspurige Ausbau der Kurt-Schumacher-Straße noch voll im Gange ist.

Darunter werden Pflasterarbeiten am Bahnübergang Münsterstraße der Strecke Dortmund–Enschede 1951 ausgeführt, im Hintergrund das Bahnwärterhaus und der Hauptbahnhof.

Unten rechts der letzte Schrankenwärter in Lünen am Hauptbahnhof (Foto von 1986). Sein Arbeitsplatz wurde ein Opfer der modernen Technik.

Straßenverkehr

Als erster Autobesitzer in Lünen ist der Sägewerksbesitzer Hugo Bäumer zu nennen, der einen Chauffeur seinen Wagen lenken ließ. Rasch wurden es immer mehr Fahrzeuge und so entstand in den 1920er Jahren nördlich der Schützenstraße der erste Lüner Verkehrsübungsplatz der Fahrschule Schneider (Foto oben).
Wie stolz man auf seinen fahrbaren Untersatz war, zeigt das Bild rechts: der Hanomag der Fleischerei Wiencke, rechts die Tochter Cäcilia.

Straßenbahn und Omnibus

Auf dem Bild oben rattert die erste Straßenbahn der „Elektrischen Straßenbahn des Landkreises Dortmund" im Jahre 1905 über Land. Sie begann in Dortmund am Fredenbaum, führte über Gahmen und endete in Lünen vor der Gaststätte Körwer auf der Langen Straße. Eine zweite Straßenbahnlinie gab es auch vom Fredenbaum aus über Eving und Brechten bis zur Zeche Achenbach in Brambauer (Foto unten links). Die ersten Buslinien wurden Ende der 1920er Jahre eingerichtet, zum Beispiel 1929 von Lünen nach Selm. Die beiden Schaffnerinnen pausieren auf der Stoßstange ihres Busses der Marke Büssing auf einem Bild aus den 1950er Jahren.

Dattel-Hamm-Kanal

Mit dem Bau des Lippe-Seitenkanales von Datteln nach Hamm wurde in den Jahren 1913/14 begonnen. Das erste Hafenbecken, der heutige Stadthafen (Foto S. 42 unten aus dem Jahr 1960) wurde gleichzeitig angelegt. 1925 wurde der Preußenhafen (Foto S. 42 oben um 1930) in Betrieb genommen. Dort wurde die Kohle der Zechen in Horstmar und Gahmen verladen. Um die Kohle der Zeche Minister Achenbach in Brambauer auf dem Wasserweg transportieren zu können, wurde in Lippholthausen der heutige Stummhafen ausgebaggert (Foto oben). Das Bild links zeigt die Kanalfähre in Beckinghausen in den 1960er Jahren.

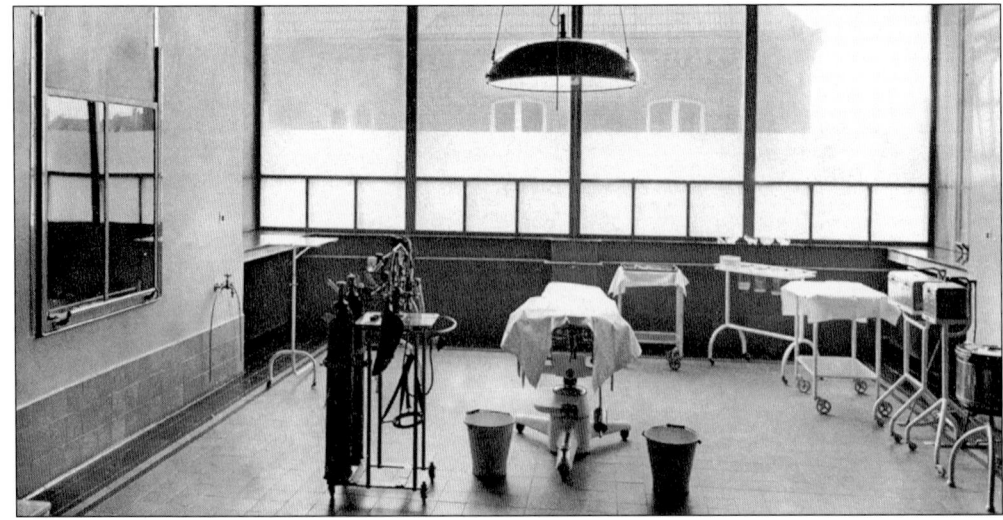

St.-Marien-Hospital

St.-Marien-Hospital

Das St.-Marien-Hospital wurde auf Initiative des Pfarrers Urban von Wieck gebaut und 1865 eingeweiht.
Das Luftbild auf S. 44, um 1930 aufgenommen, zeigt bereits den 5. Erweiterungsbau. Hinter dem Haus ist der Rest des ehemaligen Mühlenkolks zu erkennen. Das Bild unten links auf S. 44 zeigt den Bau des Küchentraktes durch die Baufirma Bierenfeld in den 1920er Jahren. Von 1932 stammen die beiden Postkarten, die einen Blick in einen Operationssaal (S. 44 rechts unten) und in einen Laborraum (S. 45 unten) werfen lassen. Eine weitere Postkarte aus dem gleichen Jahr zeigt eine Gärtnerin bei der Arbeit in dem hauseigenen Gewächshaus.

Lüner Schlachthof

Der Lüner Schlachthof an der Borker Straße wurde 1899 eröffnet (Foto rechts unten). Wesentlich erweitert wurde er zu Beginn der 1950er Jahre (kleines Foto).
Die Lüner Fleischer, die hierher kamen, ließen sich gerne mit besonders stattlichen Tieren fotografieren, wie hier die Fleischerei Wiencke mit einem kräftigen Bullen.

Molkereigenossenschaft Lünen

Die Molkereigenossenschaft Lünen (oben auf einem Foto aus dem Jahr 1931) gründete sich 1892. Ihre Gebäude befanden sich in der Gartenstraße bis in die 1980er Jahre. Dann wurde der Betrieb aufgegeben, das Gelände zwischen Gartenstraße und Lippeufer wurde großflächig saniert.

Links im Bild zieht der Milchbauer Schwarze mit seinem Gespann durch eine Lüner Straße.

Sparkasse

In das Jahr 1853 fiel die Gründung der Lüner Sparkasse, 1854 wurde das erste Darlehen in den Geschäftsräumen des Rendanten an der Langen Straße in Höhe von 200 Talern gewährt. Durch Einzahlungsbeschränkungen war das geschäftliche Wachstum zunächst gering. Erst 1872 wurde die erste Million Taler an Spareinlagen erreicht.

Das Bild unten zeigt das erste eigene Sparkassengebäude an der Gabelung Borker Straße/Cappenberger Straße, das 1909 eröffnet werden konnte. Auf der Postkarte von 1909 sind die Außenarbeiten um das Kriegerdenkmal für die Gefallenen von 1870/71 zu sehen.

Links ein Blick in den Betrieb in der Kassenhalle, aufgenommen 1957.

Lüner Gasanstalt

Die Lüner Gasanstalt, wie sie von 1867 bis 1905 an der Borker Chaussee zu sehen war, zeigt die Zeichnung oben. Mit 32 Straßenlaternen und 20 Privatkunden wurde der Gasbetrieb am 1. November 1867 aufgenommen. Bis zu diesem bescheidenen Anfang waren jedoch viele Bedenken der Bürger ausgeräumt worden: Die Pferde könnten durch das grelle Licht scheuen, oder die Bürger könnten in ihrer Nachtruhe gestört werden, ja selbst Zucht und Sittlichkeit der heranwachsenden Jugend sah man gefährdet, die sich nun länger in den Straßen aufhalten könnte, als es schicklich war. Und die ganz besonders Religiösen sahen die Nacht zum Tag gemacht und die Weltordnung in Gefahr.

Das alles konnte den Fortschritt nicht aufhalten. Wachsende Einwohnerzahlen bescherten steigende Zahlen von Gasanschlüssen. So wurde 1905 der Neubau der Gasanstalt hinter dem Lüner Schlachthof in Betrieb genommen, da der alte Standort für einen neuen großen Gasometer nicht ausreiche. Dieser Gasometer (Foto rechts), der von der Dortmunder Firma August Klönne gebaut worden war, blieb als weithin sichtbares Wahrzeichen dem Stadtbild bis in die 1970er Jahre erhalten, dann wurde er verschrottet.

Großindustrieanlagen

Beginn des Kohleabbaus – Gründung weiterer Großbetriebe

Als in den 80er Jahren des 19. Jahrhunderts auf Lüner Gebiet die Suche nach Steinkohle begann, hatte die Lippestadt gerade einmal gut 3000 Einwohner. 1870, im Jahr des Deutsch-Französischen Krieges, in dem auch neun Lüner Soldaten ihr Leben lassen mussten, gab es die ersten Mutungsbohrungen der Gesellschaft Schlägel und Eisen auf dem Victoriagelände. Drei Jahre später begannen die Abteufarbeiten in Gahmen und Horstmar, die aber wegen großer Wasserprobleme wieder abgebrochen wurden. Erst 1891 gelang es der Harpener Bergbau AG den Schacht Preußen I in Horstmar in Betrieb zu nehmen. 1897 fand dann in Brambauer der erste Spatenstich zum Abteufen des Schachtes I der Zeche Minister Achenbach statt, auf der am 1. November 1900 die erste Kohle gefördert wurde. Ein Jahr später wurde die Schachtanlage von der Firma Stumm erworben. Die Stadt Lünen zählte nun bereits über 8000 Einwohner, Altlünen beherbergte 2500 Menschen. Mit dem Ausbau der Zeche Victoria 1907 drang der Bergbau auf das Nordufer der Lippe vor, auf der 1910 die Förderung aufgenommen wurde.

Die enormen Belegschaften der Schachtanlagen, die in die Tausende gehen, veränderten das Stadtbild nachhaltig und brachten fremde Arbeiter in großer Zahl in die Lippestadt. Die großen Bergarbeitersiedlungen entstanden auf der grünen Wiese um den bisherigen Stadtkern auf dem Wüstenknapp in Lünen-Mitte, in Wethmar, Nordlünen, Gahmen, Horstmar, Lünen-Süd, Brambauer und Alstedde.

Und mit dem Bergbau entstanden nicht nur eine ganze Reihe von Zulieferbetrieben, sondern auch Hersteller von Gebrauchsgütern der ständig anwachsenden Bevölkerung. In allen Bereichen entfalteten sich neue Arbeitswelten, wurden Unternehmen und Handwerksbetriebe gegründet. Das Grubenholz lieferten die Sägewerke Langenbach (1874 gegründet) und Moll & Co (1929 gegründet) sowie Haumann (1919 erbaut), Grubenausrüstungen wurden auf der Westfalia produziert, bei Potthoff & Flume, der Schultz Hütte und ab 1928 auch von der Bergtechnik Lünen an der Döttelbeckstraße. Mit der geförderten Kohle und dem in den Kokereien produzierten Koks wurden auch die Lüner Gießereien versorgt.

Zu diesen Abnehmern gesellten sich 1913 die Hüttenwerke Kayser, die am Buchenberg entstanden und 1916 ihren Betrieb aufnahmen. Hier wurde Altmetallschrott verhüttet, der dann in einem weiteren Prozess, der Elektrolyse, zu reinem Kupfer verarbeitet wurde. 1929 wurde der Lüner Betrieb mit dem Hüttenwerk Berlin-Niederschöneweide zusammengelegt.

In Lippholthausen begannen 1937 die Vereinigten Aluminiumwerke AG mit dem Bau des Lippewerkes. Hier wurde aus Bauxit, das über den Kanal mit Schiffen in einem eigenen Hafen angeliefert wurde, Tonerde produziert, aus der im zweiten Schritt in den Elektroschmelzöfen Aluminium entstand. Für den immensen Strombedarf wurde eigens in unmittelbarer Nachbarschaft ebenfalls im Jahr 1937 mit dem Bau eines Kraftwerkes begonnen, Bauherr war die Steinkohlen-Elektrizitäts-AG (STEAG). Versorgt wurden die Betriebe mit Kohle von den Schachtanlagen Minister Achenbach in Brambauer und der Zeche Waltrop. Für die Belegschaften wurden Wohnungen in der Geist gebaut.

Nach dem Niedergang der Schultz Hütte an der Schützenstraße zog in die leer stehenden Hallen 1922 die Federnfabrik Langen und Sondermann ein. Mit nur zwei Arbeitern begannen die beiden Meister Federn von Reichsbahnzügen zu überarbeiten. Nur sieben Jahre später waren 60 Arbeiter damit beschäftigt, schwere Federn für Loks und Waggons sowie Automobile herzustellen.

1907 begannen die Abteufarbeiten auf der Zeche Victoria.

Zeche Victoria

Mit der Schachtanlage Victoria überschritt der Bergbau erstmals die Lippe in nördlicher Richtung. Das Luftbild oben aus dem Jahre 1930 zeigt im Vordergrund die beiden Fördertürme der Schächte Victoria I und II. Die dicken weißen Wasserdampfwolken steigen aus der Kokerei auf. Sie versorgte mit ihrem Kokereigas lange Zeit die Lüner Gaswerke.

Die Zechen im Raum Lünen entstanden allesamt „auf der grünen Wiese". Mit ihrem großen Personaleinsatz bei beginnender Kohleförderung lösten sie einen erheblichen Zuzug von Menschen in die Lippestadt aus. Für sie musste rasch Wohnraum geschaffen werden. So entstanden in der Nachbarschaft der Schachtanlagen große Kolonien mit einheitlichem Baustil. Das Bild links zeigt eine Postkarte der Barbarasiedlung von 1925, im Hintergrund ein Schachtgerüst von Victoria.

Zeche Minister Achenbach

Die Bilder auf dieser Doppelseite sind in den 1920er Jahren auf der Zeche Minister Achenbach in Brambauer entstanden. Fotografiert hat sie Justus Pabst, dem die Nachwelt viele interessante Bilder aus dem Lüner Stadtgebiet zu verdanken hat. Besonders umfangreich und detailliert ist seine Bildersammlung aus dem Leben der Bergleute auf der Zeche Minister Achenbach, die sich jetzt im Besitz des Lüner Stadtarchivs befindet.

Als Brambaueraner lag ihm die Arbeitswelt des Bergmannes besonders nahe, den er an allen seinen Arbeitsplätzen mit großer fotografischer Leidenschaft auf den Film gebannt hat.

Die kleine Auswahl seiner Aufnahmen zeigt links oben auf S. 52 einen Blick in die Maschinenhalle der Zeche, darunter ein Dokument aus dem Ersten Weltkrieg, wo die Frauen für die Männer an der Front einspringen mussten, um die Kohlen auf das Förderband zu schaufeln.

Das Foto oben auf S. 53 zeigt Bergleute unter Tage an einer Streckengabelung, links mit schwarzen Gesichtern die Hauer, rechts die Steiger, auf ihren Fahrstock gestützt.

Unten links ein Blick in die Lampenstube, wo für jeden Bergmann sein Untertagelicht aufbewahrt und gewartet wurde. Die Mitarbeiter tragen Hüte und Kappen, denn die Lederhelme für Bergleute wurden erst einige Jahre später eingeführt.

Die fein gekleideten Herren rechts daneben sind die Mitglieder der Markscheiderei, die sich mit ihren Messgeräten zu einem Gruppenfoto zusammengefunden haben.

Zeche Minister Achenbach

Lüner Glashütte

Lüner Glashütte

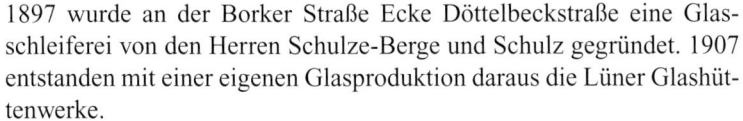

1897 wurde an der Borker Straße Ecke Döttelbeckstraße eine Glasschleiferei von den Herren Schulze-Berge und Schulz gegründet. 1907 entstanden mit einer eigenen Glasproduktion daraus die Lüner Glashüttenwerke.

Die Luftaufnahme zeigt den Betrieb in den ersten Jahren nach dem Zweiten Weltkrieg. Hinter den Werkhallen liegt die Schulstraße, am oberen Bildrand ist die Laakstraße zu erkennen.

Das Foto auf Seite 54 zeigt die Arbeit am Hafenofen, in dem nachts das Glas geschmolzen wurde, das dann tagsüber von den Mundbläsern verarbeitet wurde.

In der Lüner Glashütte fanden zu allen Zeiten viele Frauen Arbeit. Rechts oben auf S. 55 ist die Arbeit an einem Halbautomaten zu sehen. Hier werden Flaschen mittels Pressluft hergestellt. Darunter arbeiten zwei Frauen in der Schleiferei, die große Glasteile mit Sand und Wasser grob vorschleifen.

VAW-Lippewerk

Nur zehn Monate nach dem ersten Spatenstich im Dezember 1937 wurde im September 1938 (Foto oben) das erste Aluminium im VAW-Lippewerk gegossen. Bis 1944 hatte sich der Betrieb zur größten deutschen Aluminiumhütte entwickelt. Das Kriegsende stoppte die rasante Entwicklung. Erst 1950 wurde die Produktion wieder aufgenommen.

Danach ging es wieder steil bergauf. In den folgenden guten Jahren wurde die Kapazität der Oxidfabrik auf 400 000 Tonnen gesteigert und 50 000 Tonnen Aluminium erschmolzen. Fast 2000 Menschen fanden hier ihr Auskommen. Für viele war im neu entstandenen Geistviertel entlang der Moltkestraße Wohnraum geschaffen worden. Die Probleme begannen 1975, Ende der1980er Jahre kam das Aus für die gesamte Produktion. Die Rohraufschlussanlage (links), erst 1985 in Betrieb genommen, wurde nach China verkauft.

Hüttenwerke Kayser

Im Bereich des Buchenberges wurde 1913 mit dem Bau der Kupferhütte Kayser begonnen, die drei Jahre später die Produktion aufnahm. Hier wurden Altmetallschrotte verhüttet, um daraus Kupfer zu gewinnen. In einem anschließenden Verfahren wurde in großen Elektrolysebecken nahezu reines Kupfer gewonnen. Das Bild von 1960 zeigt das Ziehen von Kupfer-Mutterblechen in der Elektrolyse.

Ein Jahr zuvor wurde das Luftbild der Hüttenwerke Kayser an der Kupferstraße aufgenommen. Es zeigt den Betrieb noch in der „freien Landschaft".

Die Lippestadt im Strukturwandel – Aufbruch mit neuen Industrien

Die Eisenhütte Westfalia läutete im Lüner Raum das Industriezeitalter ein. Der Bergbau wurde 50 Jahre später zu der wirtschaftlichen Kraft, die die Stadt für rund 120 Jahre in ihrem Gesamtbild prägen sollte. Und wenn wir heute die Bergsenkungen in Folge des Kohleabbaus unter dem Stadtgebiet, die Bergarbeiter-Siedlungen und die Berghalden über Tage betrachten, so haben die drei großen Zechen in Lünen „auf Ewigkeit" ihre Spuren hinterlassen.

Als am 30. Juni 1992 auf Minister Achenbach in Brambauer die letzte Kohle in Lünen gefördert wurde, ging eine sehr wechselvolle Geschichte zu Ende, die 1870 mit ersten Mutungsbohrungen begonnen hatte. Ständige Wassereinbrüche beendeten die ersten Versuche an die begehrte Kohle zu kommen schon bald danach. Erst zum Jahrhundertwechsel wurde die erste Kohle ans Tageslicht befördert. Nun begann ein rasanter Aufstieg. 1913 zählten alle Schachtanlagen 7920 Beschäftigte, die 2 315 682 Tonnen Kohle abbauten.

Die Zeit nach dem Ersten Weltkrieg bescherte dem Bergbau erste Turbulenzen. Die Zechen Preußen I und II wurden geschlossen. Erstmals gab es Tausende von arbeitslosen Bergleuten in Lünen und auch bei den großen Zulieferern gab es Massenentlassungen. 1932 stellte die Stadt den Antrag, zur Notstandsgemeinde erklärt zu werden. Aber selbst dafür fehlte das Geld. Eine durchgreifende Besserung kam erst 1938 mit dem Bau des Lippewerkes der Vereinigten Aluminiumwerke und dem STEAG Kraftwerk in Lippholthausen. Der Bergbau beschäftigte wieder über 9000 Menschen. Davon waren in den letzten Kriegsjahren gut die Hälfte ausländische Fremdarbeiter, Zwangsarbeiter und Kriegsgefangene. Sie wurden auch in anderen Betrieben und in der Landwirtschaft in Lünen eingesetzt.

Die Zerstörungen durch den Krieg hielten sich bei den Betrieben in Lünen in Grenzen und auch von Demontagen blieben sie weitestgehend verschont. So kam es in den ersten Nachkriegsjahren zu einer Wiederbelebung der wichtigsten Industrieanlagen. Die erste Gewerbezählung 1950 ergab, dass etwa die Hälfte aller Beschäftigten vom Bergbau abhängig war. Dieser erreichte Mitte der 1950er Jahre seinen höchsten Produktions- und Beschäftigungsstand. Dann kam die erste Kohlekrise, ausgelöst durch billige Importe und den steigenden Einsatz von Öl. Als Folge wurde 1964 die Schachtanlage Victoria stillgelegt. Zehn Jahre später wurde im Zeichen der Ölkrise die Zeche Victoria neu gebaut. Modernisierte Abbaumethoden, speziell auch in Lünen bei der Westfalia entwickelt, machten den Kohleabbau in immer größeren Tiefen möglich. Man wagte den Schritt nach Norden, in Richtung Münsterland. Durch den erbitterten Widerstand von Graf Kanitz gegen die Abbaupläne bis vor die höchsten deutschen Gerichte, um die Schlossanlage Cappenberg zu sichern, wurde die Nordwanderung des Bergbaus aufgehalten.

Zur gleichen Zeit wurde auf politischer Ebene eine Reduzierung der deutschen Steinkohleförderung beschlossen, die zur Stilllegung von Zechen führte. Die Bergleute und die betroffenen Städte wehrten sich. Große Demonstrationen, Besetzungen von Schachtanlagen, Rathäusern, Straßen, Autobahnen und Kanälen prägten die Jahre ab 1986. 35 000 Menschen nahmen am 24. 10. 1987 an einer Großdemonstration in Lünen teil. Bis 1997 reichten die Aktionen der Bergleute für den Erhalt ihrer Arbeitsplätze. Doch die Entscheidungen waren längst gefallen. Die letzte Seilfahrt kam für Victoria 1991, die Zeche Haus Aden übernahm den Abbau, und ein Jahr später wurde auch Minister Achenbach geschlossen. Am 27. Februar 1998 kam die letzte Kohlelore auf Victoria ans Tageslicht. Lünen ist keine Bergbaustadt mehr!

Dem großen Bergbauzulieferer Westfalia erging es nicht besser. Nach großen Demonstrationen verloren 1988 800 Mitarbeiter ihre Stellen, der Anfang vom Ende. Heute operiert das Unternehmen unter dem Namen Deutsche Bergbau Technik und hat auf dem Weltmarkt wieder Tritt gefasst. Und noch ein großer Arbeitgeber in Lünen verschwand von der Wirtschaftskarte: die Vereinigten Aluminium-Werke mussten 1988 die Oxidproduktion einstellen, ein Jahr später wurde auch der Hüttenbetrieb stillgelegt. Das große Betriebsgelände übernahm die Rethmann-Gruppe, die es bis heute zu einem herausragenden Recycling-Standort ausbaute. Diese Unter-

Fremdarbeiter auf Minister Achenbach warten auf ihren Einsatz.

Die Oxidanlage des VAW-Lippewerkes.

nehmenssparte entwickelte sich in Lünen auch an anderen Stellen. So entstand an der Frydagstraße ein Betrieb für die Aufarbeitung von Altglas, und im Stadthafen werden große Mengen belasteter Böden aufbereitet.
Wenn auch der Bergbau Lünen anscheinend fest im Griff hatte, so gab es doch auch andere namhafte Unternehmen, die Arbeitsplätze in großem Umfang stellten. Seit 1967 wurden bei der ARA in Alstedde Schuhe gefertigt, deren Produktion Anfang 2003 eingestellt wurde. Bei Stolle in Horstmar fertigten zumeist Frauen Antennen nebst Zubehör. Als die Firma 1982 in Konkurs ging, verloren über 800 ihren Arbeitsplatz. Das gleiche Schicksal erlitt der Tornisterhersteller Walbaum und Meermann, gegründet 1909. In der Baubranche mussten große Unternehmen wie Schaffer in Horstmar (1991) und zuletzt Kesting (1997) in Brambauer den Weg zum Konkursrichter antreten. Ein großer Verlust für den Lüner Arbeitsmarkt war der Wechsel des Arzneimittelherstellers Thiemann in die Nachbarstadt Waltrop im Jahr 1983. Der Betrieb war 1928 von dem Lüner Apotheker Dr. Hermann Thiemann ins Leben gerufen worden. Nach verschiedenen Übernahmen ist der Name Thiemann 2003 ganz erloschen.

Andere Unternehmen konnten sich bis heute am Markt behaupten. Seit 1941 produziert die Firma Jung Elektro-Installationsgeräte, Schulte-Derne begann 1947 seine Herstellung von Rollstühlen und anderen Hilfsmitteln für Kranke und Behinderte. Elektrische Sicherungen werden seit 1946 bei der SIBA angefertigt, Kühlerbau Adam startete seinen Betrieb zum Bau von Kühlaggregaten 1965 und die Galvanotechnik Dörre siedelte sich als erste Firma 1971 in dem neu geschaffenen Industriegebiet Wethmarheide an. Dort konnte auch die Großbäckerei Scherpel angesiedelt werden, die heute zu Barilla-Kamps gehört.
Der Bergbau hinterließ nach seinem Abgang der Stadt Lünen große Flächen der ehemaligen Schachtanlagen sowie Bergehalden. Letztere konnten ausnahmslos für die Naherholung umfunktioniert werden. Die meisten Zechenstandorte, mit Ausnahme von Victoria I/II wurden mit Landesmitteln und teils EU-Mitteln zu Gewerbeflächen aufgearbeitet. Herausragend sind dabei die ehemaligen Standorte der Zeche Minister Achenbach. Das Hauptgelände wurde zu einem Gewerbepark aufbereitet, auf dem sich als größte Firma ein Logistikzentrum von TNT niedergelassen hat. Bedeutsamer aber ist der ehemalige Schacht IV, der als Sitz des Technologie-Zentrums Lünen (LÜNTEC) hergerichtet wurde. Zu seinem Wahrzeichen wurde das „Colani-Ei", ein futuristischer Aufsatz, in dem Büros untergebracht sind und der an ein Ufo erinnert. Er ist auf das ehemalige Fördergerüst montiert. Der Entwurf stammt von Professor Luigi Colani.

Wenn auch auf dem Lüner Arbeitsmarkt noch immer nicht die Verluste an Arbeitsplätzen, entstanden durch das Ende von Bergbau und Teilen der Metallverarbeitung, ausgeglichen werden konnten, so gibt es doch hoffnungsvolle Entwicklungen in völlig neuen Industriebereichen. Besonders hervorzuheben ist die Recyclingsparte, die, angeführt von der Rethmann-Gruppe, Bedeutung weit über die Grenzen Lünens erlangen konnte.

Brotbackstraße der Großbäckerei Kamps.

Aufbereitung der Deponie-Sickerwässer im Rethmann-Unternehmen Lippewerk.

Wirtschaftswunder

Das deutsche Wirtschaftwunder, der Aufschwung nach dem Zweiten Weltkrieg, fand natürlich auch in Lünen statt. Zahlreiche Firmengründungen in den 1950er und 1960er Jahren zeugen davon. 1953 gründete Erwin Schmidt sein Autohaus an der Cappenberger Straße. Zunächst vertrieb er Zweiräder, doch schon bald folgten die ersten Automodelle. Das Bild unten zeigt die Ankunft einer Ladung Goggomobile auf dem Nordbahnhof an der Ladestraße.

Die wachsende Reiselust der Lüner veranlasste Hans Horn (links vor seinem ersten Bus mit einem Kollegen), ein Busunternehmen und einen Reisedienst zu gründen.

Wirtschaftswunder

Nach langen düsteren Jahren mit vielen Entbehrungen möchten die Menschen wieder etwas erleben und Spaß haben. Hier treffen sich die stolzen Besitzer von Motorrollern und Motorrädern aus Lünen zu einem gemeinsamen Ausflug in die nähere Umgebung. Mit von der Partie sind Marianne und Erwin Schmidt (rechts außen), sozusagen auf Tuchfühlung mit ihrer Kundschaft.

Wer schön sein will, der muss leiden, besagt eine Volksweisheit. Zumindest müssen sie Geduld haben, die beiden Damen unter diesen monströsen Trockenhauben. Eine Szene aus einem Frisörsalon in den 50er Jahren.

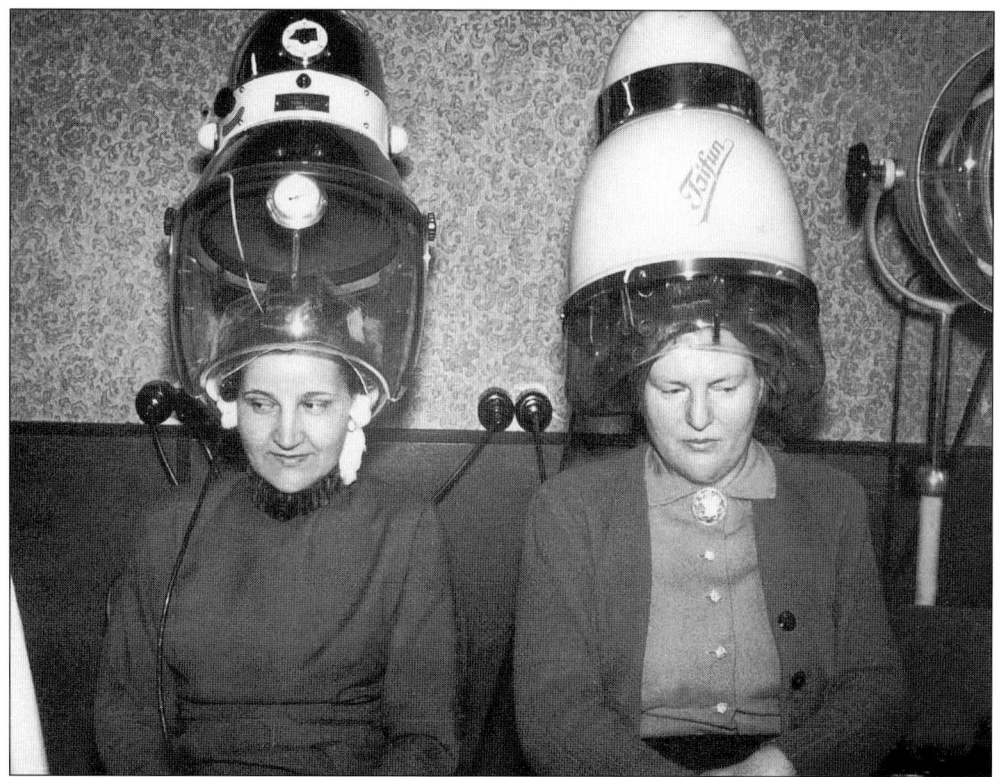

61

Erste Krisenzeichen

Mit dem letzten Abstich (Fotos) aus dem alten Kupolofen am 24. März 1973 endete die lange Geschichte der Louisenhütte von Potthoff & Flume an der Dortmunder Straße. Der Betrieb zog in das neue Industriegebiet an der Wethmarheide. Die alten Fabrikhallen, die jetzt mitten im Stadtgebiet lagen, machten Platz für eine Wohnbebauung.

Am neuen Standort, der 1975 seinen Betrieb aufnahm, versuchte das Unternehmen sich mit großen Absperrhähnen und Schiebern für den Rohrleitungsbau zu etablieren. Das gelang nur befristet, weil sich der Weltmarkt anders entwickelte als erhofft.

Erste Krisenzeichen

Die Kokerei hatte bereits 1960 ihre Produktion eingestellt. Dadurch fiel sie als Gaslieferant für die Stadtwerke aus, die nun ihr Gas von der Zeche Gneisenau in Dortmund-Derne geliefert bekam.

Durch den stetig steigenden Einsatz von Öl gab es bei der Steinkohle die erste Krise in den 1960er Jahren. In Lünen wurde die Zeche Victoria am 10. April 1964 zum ersten Male stillgelegt. Auf dem Foto tritt die Werkbahn aus diesem Anlass ihre letzte Fahrt über das Zechengelände an.

63

Thiemann Arzneimittel

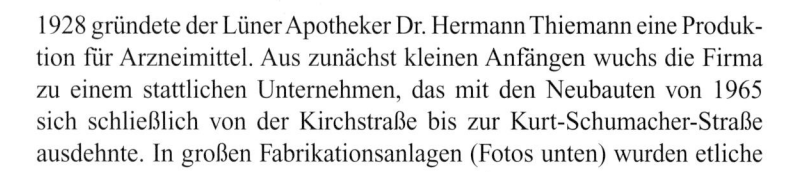

1928 gründete der Lüner Apotheker Dr. Hermann Thiemann eine Produktion für Arzneimittel. Aus zunächst kleinen Anfängen wuchs die Firma zu einem stattlichen Unternehmen, das mit den Neubauten von 1965 sich schließlich von der Kirchstraße bis zur Kurt-Schumacher-Straße ausdehnte. In großen Fabrikationsanlagen (Fotos unten) wurden etliche Präparate in großen Mengen hergestellt. Fast 400 Menschen fanden hier einen Arbeitsplatz, viele davon Frauen. Für eine weitere Expansion konnte mit der Stadt Lünen keine Einigung erzielt werden und so verließ Thiemann die Lippestadt Anfang der 1980er Jahre. Die Gebäude wurden 1984 abgerissen (Foto oben).

Schuhfabrik ARA/Kabel- und Antennenfabrik Stolle

Die Schuhfabrik ARA mit Sitz in Langenfeld begann 1959 ihre Produktion in Lünen mit 15 Frauen in bescheidenen Räumen. Über verschiedene Zwischenstationen ging es dann 1967 in den Neubau an der Alstedder Straße. Hier wurde kräftig expandiert und 1970 stellten rund 800 Mitarbeiter eine Million Paar Schuhe her. In den nächsten zwei Jahrzehnten gab es weiterhin erfreuliche Produktionsergebnisse, die Zahl der Beschäftigten lag 1987 bei 670. Doch mit den globalen Veränderungen zu Beginn der 1990er Jahre wuchs der Kostendruck, erstmals wurde die Belegschaft verringert. Das setzte sich weiter fort, bis der Produktions-Standort in Lünen in 2003 fast gänzlich aufgegeben wurde. Weitergeführt wird hauptsächlich der Schuhverkauf. Das Foto zeigt einen Blick in die Schuhproduktion Ende der 1980er Jahre.

Auf dem Industriegelände an der Scharnhorststraße in Horstmar wurde 1964 die Kabel- und Antennenfabrik Stolle gegründet. Durch erfolgreiche Produkte expandierte der Betrieb schnell und wuchs auf eine stattliche Größe. Bei dem überraschenden Firmenaus am 21. Februar 1980 verloren rund 800 Mitarbeiter ihren Arbeitsplatz, die meisten davon waren Frauen. Das Foto zeigt einen Blick in die Kabelfertigung.

Zechensterben

Dem Ende des Bergbaus in Lünen ging ein zähes Ringen der Bergleute mit dem unumstößlichen Beschluss der Politik voraus. Mit Beginn der 1990er Jahre kam es wiederholt zu großen Demonstrationen, Menschenketten, Fackelzügen und gewaltlosen Besetzungsaktionen. Alle Lüner Schachtanlagen waren betroffen und auf eine nach der anderen kam der Deckel. Als letzte schlossen die Bergbau-Werkstätten auf Victoria im Jahr 2000. Die Schachtanlagen wurden zum großen Teil abgerissen (Foto links unten, Abriss eines Förderturms auf Victoria).

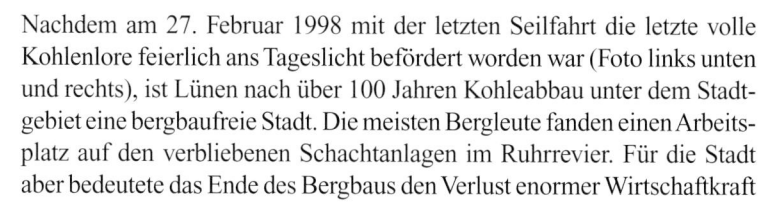

Nachdem am 27. Februar 1998 mit der letzten Seilfahrt die letzte volle Kohlenlore feierlich ans Tageslicht befördert worden war (Foto links unten und rechts), ist Lünen nach über 100 Jahren Kohleabbau unter dem Stadtgebiet eine bergbaufreie Stadt. Die meisten Bergleute fanden einen Arbeitsplatz auf den verbliebenen Schachtanlagen im Ruhrrevier. Für die Stadt aber bedeutete das Ende des Bergbaus den Verlust enormer Wirtschaftkraft und vieler Arbeitsplätze aus dem Umfeld des Bergbaus. Es war der Beginn eines langen und mühseligen Strukturwandels.

Das Ende der Zechen konnte auch an der Westfalia nicht spurlos vorübergehen. Auch hier gab es trotz Protesten (Foto oben links) Massenentlassungen. Versuche zu fusionieren brachten keinen Durchbruch. 1994 übernahm die RAG die Westfalia und machte daraus die DBT.

Investitionen in die Zukunft

Von der Zeche Minister Achenbach in Brambauer blieben die Gebäude von Schacht IV bis auf das Maschinenhaus erhalten. Hier wurde das 1991 gegründete Technologie-Zentrum LÜNTEC untergebracht. Als besonderes Wahrzeichen wurde auf das ehemalige Schachtgerüst ein von Luigi Colani entworfenes eiförmiges Bürohaus aufgesetzt. Aus diesem Zentrum sollen junge Unternehmen in modernen Branchen in die Zukunft Lünens starten.

Ein weiteres städtebauliches Wahrzeichen von überragender Höhe wurde im Jahr 2002 in Betrieb genommen. Mit über 70 Metern Höhe ist der ISA Smelter eines der höchsten Bauwerke in Lünen. Hier befindet sich modernste Hüttentechnik, die den Hüttenwerken Kayser eine kostengünstige und umweltfreundlichere Erschmelzung von Rohkupfer aus Altmetallschrotten ermöglichen soll.

Investitionen in die Zukunft

Nach dem schmerzlichen Niedergang der alten Gewerkschaft Eisenhütte Westfalia startete ihr jetziger Nachfolger, die Deutsche Bergbautechnik der RAG, in eine wohl bessere Zukunft. Durch engagiertes, flexibles Management, das frischen Wind in die alten Hallen brachte, sind die Auftragsbücher gut gefüllt. Mit dem guten Ruf Deutscher Bergtechnik im Rücken werden heute modernste Produkte in alle Welt verkauft.
Große Strebausbauten wie auf dem Foto werden z. B. für Bergwerke in China, Amerika, Australien und andere aufstrebende Kohlereviere in aller Welt angefertigt.
Maßgeblichen Anteil an dem zunehmenden Erfolg der DBT hatte die Einführung von neuen Arbeitsorganisationen und Qualitätsstandards.

1993 übernahm die Firma Rethmann das VAW-Lippewerk und begann mit Recyclingaktivitäten auf den verschiedensten Gebieten, als da sind Aufbereitung von Altholz und Bauschutt, Kompostierung von Grünabfällen, Kunststoffrecycling und die Herstellung von Markenartikeln aus recycelten Abfallstoffen. Der ehemals kleine Familienbetrieb aus Selm expandiert in atemberaubender Geschwindigkeit. Immer weitere Betätigungsfelder kommen hinzu, durch Beteiligungen werden neue Aufgabenfelder erschlossen. Das mittlerweile weltweit operierende Unternehmen verlegte 2002 seinen Hauptsitz nach Lünen. Es gehörte 1998 zu den 100 größten Unternehmen Deutschlands mit weltweit 14000 Beschäftigten. Jüngste Töchter sind die Rhenus-Logistik und SARIA Bio-Industries.
Rechts im Bild das firmeneigene Kraftwerk.

Datenchronik

1808 Die Hörigkeit im Großherzogtum Berg, zu dem Lünen gehört, wird aufgehoben
1816 Bau einer Kornmühle am Christinentor
1818 Beginn der regelmäßigen Lippeschifffahrt
1819 Caspar Diedrich Wehrenbold erhält die Aufsicht über den Salztransport auf der Lippe
1822 Bau der Kiliansmühle in Wethmar
1822 Die Kunststraße Dortmund–Lünen wird fertig gestellt
1823 Die Kunststraße Lünen–Werne wird fertig gestellt
1823 Der erste große Lippekahn legt in Lünen an
1826 Gründung der Eisenhütte Wehrenbold und Compagnie (der erste Hochofen wird 1827 angeblasen)
1834 Lünen wird Schnellpoststation
1838 Gründung des Baugeschäftes Robbert, das auch eine Ziegelei betreibt
1838 Gründung der Klempnerei Quitmann
1838 Die Eisenhütte Westfalia erhält den zweiten Hochofen
1841 Gründung der Eisenhandlung Louis Coers
1847 Lünen verliert gegenüber Dortmund den geplanten Anschluss an die Köln-Mindener Eisenbahn – Dortmund bietet der Eisenbahngesellschaft kostenlos das Grundstück für den Bahnhof und 9000 Mark. Lünen verliert damit seinen bisherigen Verkehrsvorrang! (Frachtadresse „Dortmund bei Lünen")
1850 Der Schiffverkehr auf der Lippe umfasst 108 Lastkähne
1853 Gründung der Lüner Sparkasse
1853 Ausbau der Straße Lünen–Kamen
1853 Fahrt des ersten Dampfschiffes auf der Lippe
1854 Gründung der Louisenhütte Potthoff & Flume
1866 Beschluss zur Errichtung eines Gaswerkes
1870 Anlage einer Kornbranntwein-Brennerei mit Dampfmaschinenbetrieb auf dem Hof Schulz-Gahmen
1870 Mutungsbohrungen der Gesellschaft Schlägel und Eisen (Zeche Victoria)
1872 Gründung der Lüner Hütte Ferdinand Schultz
1873 Beginn der Abteufarbeiten an den Schächten Prinz Heinrich in Gahmen und Berta Wilhelmine in Horstmar
1873 Lünen erhält Stadtrechte nach der westf. Städteordnung
1874 Gründung des Sägewerkes Langenbach
1874 Eröffnung der Eisenbahnlinie Dortmund–Lünen–Enschede
1876 Einrichtung eines Emaillierwerkes auf der Westfalia
1878 Die Eisenhütte Wehrenbold erhält die Bezeichnung Gewerkschaft Eisenhütte Westfalia
1879 Herausgabe der Probenummer des „Lüner Anzeigers" durch die im gleichen Jahr gegründete Buchdruckerei Bongers
1880 Gründung der Lüner Mühle durch Heinrich Engelke
1890 Gründung der Eisengießerei Fluhme und Lenz (1930 geschlossen)
1891 Gründung der Metzgerei Kemper
1892 Gründung der Molkerei-Genossenschaft Lünen
1895 Die Schächte Preußen I in Gahmen (1926 geschlossen) und II in Horstmar (1929 geschlossen) gehen in Betrieb
1897 Gründung der Glasschleiferei Schulze-Berge und Schulz, seit 1907 Lüner Glashüttenwerke
1897 Erster Spatenstich zu Schacht I der Zeche Achenbach
1898 Einrichtung einer freien allgemeinen Handwerker-Innung für Lünen
1899 Eröffnung des Schlachthofes
1901 Das Unternehmen Gebr. Stumm erwirbt die Zeche Minister Achenbach
1902 Gründung des Straßen- und Tiefbauunternehmens Robert Schneider
1902 Eröffnung der Gasanstalt
1904 Bau des Gasbehälters, 1905 Beginn der Gasproduktion
1904 Gründung der Bäckerei Kanne
1906 Gründung des Gemeinnützigen Bauvereins
1907–1910 Abteufung der Zeche Victoria der Harpener Bergbau AG (erster Kohleverkauf August 1910)
1908 Gründung der Konsumgenossenschaft Eintracht
1909 Gründung der Lederwarenfabrik Walbaum und Meermann
1911 Gründung des Textilkaufhauses Ernsting
1914 Bau des Kupferwerkes (Inbetriebnahme Mai 1916)
1919 Gründung der Druckerei Alois Holtkamp
1924 Gründung der Mineralwasserfabrik Karl Ebrecht
1928 Gründung der Arzneimittelfabrik Dr. Hermann Thiemann
1928 Eröffnung der Eisenbahnlinie Lünen–Münster
1937 Baubeginn für das VAW-Lippewerk (erstes Aluminium wird 1938 produziert)
1938 Eröffnung der Autobahn Recklinghausen–Bielefeld und der Autobahnauffahrt Gahmen
1938–1941 Bau des Kraftwerkes Lünen der STEAG
1941 Firma Jung eröffnet Betrieb in Lünen
1946 Gründung Sicherungen-Bau SIBA
1947 Gründung der Firma Schulte-Derne
1948 Gründung der Firma Elektro Bauelemente
1949 Gründung der Maschinenfabrik Hermann Schmidt

Datenchronik

1951 Eröffnung der Coca-Cola-Fabrik Ebrecht
1953 Gründung des Autohauses Erwin Schmidt
1954 Das Sägewerk Moll wird stillgelegt
1955 Erste Seilfahrt auf der Zeche Victoria III/IV in Gahmen
1958 Am Kanal wird ein Shell-Tanklager mit Hafen gebaut
1964 Die Zeche Victoria I/II wird stillgelegt
1965 Gründung der Firma Kühlerbau Adam
1965 Gründung der Firma Neuhäuser
1965 Pharmabetrieb Thiemann bezieht die neuen Fabrikgebäude in der Schifffahrtsweide
1966 Bau des ARA-Schuhwerkes in Alstedde
1969 Eröffnung des Kaufhauses Hertie
1970 Schreinerei Auferoth (1918 gegründet) bezieht neues Gebäude am Geistwinkel
1971 Galvano Dörre erste Firma in der Wethmarheide
1973 Letzter Abstich in der Gießerei Potthoff & Flume
1976 Grundsteinlegung für die neue Zeche Victoria I/II
1977 Flusssäure-Unglück auf dem VAW-Lippewerk
1978 Stilllegung der Schachtanlage Victoria III/IV in Gahmen
1980 Konkurs der Firma Stolle-Antennenbau
1983 Die Arzneimittelfabrik Dr. Thiemann verlegt den Betrieb nach Waltrop
1984 Metallwerke Lünen gehen in Konkurs, Recticel Schaumstoffe übernehmen die Gebäude
1984 Mit 14,9 % Arbeitslosen höchster Stand seit Kriegsende
1984 STEAG-Kraftwerk liefert Strom an die Bundesbahn
1985 Schreinerei Otto (1933 gegründet) zieht in die Wethmarheide um
1986 Konkurs der Firma Walbaum und Meermann
1986 Schulte-Derne übernimmt die Rümenapp-Gebäude
1986 Kanne Brottrunk verlagert die Produktion nach Bork
1986 Druckerei Contzen zieht in die Wethmarheide um
1987 35 000 Menschen demonstrieren in Lünen für den Erhalt des Bergbaus
1987 Stilllegung der Oxidfabrik des VAW-Lippewerkes
1987 Beginn der Recyclingaktivitäten auf dem Lippewerk unter dem Namen AIR
1987 Baumaschinen Heier meldet Konkurs an
1989 Ende des Hüttenbetriebes auf dem VAW-Lippewerk
1989 Letzte Förderschicht auf Schacht V der Zeche Minister Achenbach
1990 Ruhr-Glas-Recycling siedelt sich an der Frydagstraße an
1990 Spedition Bennemann (1898 gegründet) eröffnet in der Wethmarheide
1991 Zusammenschluss von Westfalia und Klöckner-Becorit
1991 Erste Windkraftanlage auf dem Hof Schulte Witten in Alstedde
1991 Letzte Seilfahrt auf Victoria I/II
1991 Gründung des Technologie-Zentrums LÜNTEC
1991 Konkurs des Bauunternehmens Schaffer
1992 CAF Computertechnik startet als erste Firma im Gewerbegebiet im Berge-Ost in Brambauer
1992 Stilllegung der Zeche Minister Achenbach
1993 Übernahme des VAW-Lippewerkes durch Rethmann
1993 Großdemonstrationen auf Haus Aden für den Erhalt des Bergbaus
1994 Ruhrkohle AG übernimmt Westfalia-Becorit
1995 Nach dem Zusammenschluss mit zwei Wuppertaler Firmen erhält die Westfalia den Namen DBT
1996 Im Rethmann-Lippewerk wird das Kompostwerk in Betrieb genommen
1997 Besetzung der RAG-Zentralwerkstätten und des Rathauses
1997 Fünf Kilometer lange Menschenkette zum Erhalt des Bergbaus in Lünen
1998 Letzte Kohlelore auf Victoria I/II wird gefördert
2000 Die Bergbau-Werkstätten auf Victoria werden geschlossen
2000 Die Rethmann-Entsorgungs AG mit einem Umsatz von über zwei Milliarden DM verlegt ihren Hauptsitz von Selm nach Lünen
2000 Die Firma Micro Carbon stellt ihren Betrieb ein
2001 Die Großbäckerei Kamps investiert in der Wethmarheide
2001 Das Großkino Cineworld und der Elektromarkt Saturn eröffnen
2002 Die Harpen AG präsentiert Pläne für ein Outlet Center Lünen
2002 P+S Armaturen Zweibrücken-Lünen melden Insolvenz an
2002 Der ISA Smelter bei Kayser nimmt den Probebetrieb auf
2002 Die AHAG Wertpapierhandelsbank meldet Insolvenz an
2003 Der REXAM-Konzern übernimmt der Lüner Glashütte
2003 Bei den ARA-Schuhwerken wird die Produktion eingestellt
2003 Die Brockhaus AG bezieht das ehemalige AHAG-Gebäude
2003 SARIA Bio-Industries (Rethmann) erzeugt Energie aus Schlachtabfällen

Weitere Bücher aus dem Wartberg Verlag für Ihre Region

**Lünen – Gestern und heute
Eine Gegenüberstellung**
von Günther Goldstein
72 S., geb., zahlr. S/w-Fotos
(ISBN 3-8313-1023-8)

**Kindheit in der Stadt in den
50er Jahren**
von Klaus Meier-Ude und
Fred Kickhefel
64 S., geb., zahlr. S/w-Fotos
(ISBN 3-86134-315-0)

**Unna – Gestern und heute
Eine Gegenüberstellung**
von Erich Borrmann
72 S., geb., zahlr. S/w- und Farbfotos
(ISBN 3-86134-403-3)

**Aus alter Arbeitszeit – Bäuerliche
Berufs- und Lebensbilder 1948–1958**
von Georg Eurich
80 S., geb., zahlr. histor. S/w-Fotos
(ISBN 3-925277-34-X)

**Dortmund – Bewegte Zeiten –
Die 50er Jahre**
von Udo Steinmetz
72 S., geb., zahlr. S/w-Fotos
(ISBN 3-86134-306-1)

**Dortmund – Luftbilder von
gestern und heute**
von H. J. Bausch und M. Czerwinski
48 S., geb., mit zahlr. S/w- und Farbfotos
(ISBN 3-86134-463-7)

Wartberg Verlag GmbH & Co. KG
Bücher für Deutschlands Städte und Regionen
Im Wiesental 1 · 34281 Gudensberg-Gleichen · Telefon (0 56 03) 9 30 50 · Fax (0 56 03) 30 83
www.wartberg-verlag.de